AF312825

VENTE A PARIS

Le Mardi 23 Mai 1905

HOTEL DROUOT, SALLE N° 8

MONNAIES ROMAINES

Monnaies Françaises

MÉDAILLES & JETONS

Commissaire-Priseur :

Me MAURICE DELESTRE
5, RUE SAINT-GEORGES, 5

Expert :

M. ÉTIENNE BOURGEY
19, RUE DROUOT, 19

PARIS

MONNAIES ROMAINES

Monnaies Françaises

MÉDAILLES & JETONS

VENTE AUX ENCHÈRES PUBLIQUES

A PARIS, HOTEL DES COMMISSAIRES-PRISEURS, RUE DROUOT, 9

SALLE Nº 8, AU PREMIER ÉTAGE

Le Mardi 23 Mai 1905

A DEUX HEURES PRÉCISES

EXPOSITION PUBLIQUE UNE HEURE AVANT LA VENTE

<table>
<tr><td>COMMISSAIRE-PRISEUR :</td><td>EXPERT :</td></tr>
<tr><td>Mᵉ Maurice DELESTRE</td><td>M. Etienne BOURGEY</td></tr>
<tr><td>5, rue Saint-Georges</td><td>19, rue Drouot</td></tr>
</table>

PARIS

Exposition particulière :

Le Lundi 22 Mai, chez M. Étienne Bourgey, expert, 19, rue Drouot (Téléphone 274-64).

Exposition publique :

Le Mardi 23 Mai, Hôtel des ventes, salle 8, une heure avant la vente.

La vente aura lieu au comptant.

Les acquéreurs paieront dix pour cent en sus des enchères.

L'exposition mettant les acheteurs à même de juger de l'état des pièces, aucune réclamation ne sera admise aussitôt l'adjudication prononcée.

M. Etienne Bourgey, 19, rue Drouot, se charge, aux conditions habituelles (5 o/o sur la limite), des commissions qui lui seront confiées.

L'ordre du catalogue sera suivi ou non. L'expert se réserve le droit de diviser ou de réunir les lots.

MONNAIES CONSULAIRES (1)

1 *Campanie*. Tête de Mars (31). Tête d'Apollon (37). Ens.
  2 p. B.
2 Tête de Janus (23). *Anonymes* (1re période). Deniers (2, 6).
  Quinaire (3). Ens. 4 p. B. et TB.
3 *Accoleia* (1). *Acilia* (8). *Allia* (4). Ens. 3 p. B. et TB.
4 *Aemilia* (7, 8, 10. 24 — rare —) Ens. 4 p. AB. B. et TB.
5 *Afrania* (1). *Annia* (2) incus. *Antestia* (2). Ens. 3 p. AB. et B.
6 *Antonia* (1, 34, 105, 106, 111). Ens. 5 p. AB. et B.
7 — LEG. VIIII, IX, X, XII, XIII (115, 116, 117, 120, 121) 5 p. AB.
8 *Antia* (1, 2). 2 p. B. rares.
9 *Aquilia* (2). *Atilia* (1, 9). Ens. 3 p. B.
10 *Aurelia* (19, 20, 21) 3 p. B.
11 *Axia* (2) Rare. *Baebia* (1). Ens. 2 p. AB.
12 *Cassia*. (1, 7, 10). 3 p. B.
13 *Coecilia*. (14, 21, 28, 30, 43). 5 p. B. et TB.
14 *Caesia* (1). *Calpurnia* (5, 11, 24) Ens. 4 p. B.
15 *Carisia* (1, 2, 3, 10) 4 p. AB.
16 *Claudia*. (1, 5, 11, 15) 4 p. B. et TB.
17 *Coelia* (2. 3, 4, 7) 4 p. AB et B.
18 *Cloulia* (1) quinaire (2). *Considia* (1, 4). Ens. 4 p. B. et TB.
19 *Cordia*. (1, 3, 4) 3 p. B.
20 *Cornelia*. (1, 20, 24, 29) 4 p. B. et TB.
21 — Cornelia (54, 55, 59, 61, 63) 5 p. AB. B. et TB.
22 *Cosconia* (1). *Cossutia* (1) rare. *Creperia* (1). Très rare. Ens.
  3 p. AB et B.

---

(1) Les numéros entre parenthèses se rapportent à l'ouvrage de M. Babe-
lon *Monnaies de la République Romaine.*
Toutes ces pièces sont en argent.

23 *Crepusia* (1). *Critonia* (1). *Cupienna* (1). *Carisia* (10). Ens.
   4 p. AB. et B.

24 *Curiatia* (1). *Curtia* (2). *Deidia* (2). *Decimia* (1). Ens. 4 p. B.

25 Domitia (14). AHENOBAR. Tête de Domitius Ahenobarbus (21)
   Rare. Ens. 2 p. B. et TB.

26 *Egnatia* (2). *Egnatuleia* (1). *Fabia* (1). Ens. 3 p. B. et TB.

27 *Farsuleia* (1). *Flaminia* (1). *Fonteia* (1, 7, 17). Ens. 5 p. B
   et TB.

28 *Furia* (18, 23). *Anonyme* (p. 77, 226, voir Fonteia et Gargi-
   lia). Gellia (1). Ens. 4 p. B. et TB.

29 *Herennia* (1). *Hostilia* (2, 4, 5). Ens. 4 p. B.

30 *Hosidia* (1) 2 variétés. *Itia* (1). Très rare. Ens. 3 p. B.

31 Julia (1, 4, 5, 9, 10) Ens. 5 p. B. et TB.

32 Julia (26, 117, 154, 216) Ens. 4 p. B.

33 *Junia* (1, 15, 19, 30, 31) 5 p. B.

34 *Juventia* (7). *Licinia* (16, 18, 24). Ens. 4 p. AB. et B.

35 *Livineia* (10, 12, 13). 3 p. AB. et B.

36 *Lollia*. T. de Liberté. ℞. PALIKANVS. Tribune (2). TB.

37 *Lucilia* (1). *Lucretia* (1, 3). *Lutatia* (2). Ens. 4 p. B.

38 *Maenia* (7). *Maiania* (1). Mallia (2). Mamilia (6) Ens. 4 p. B.

39 *Manlia* (3, 4, 7). *Marcia* (1, 8). Ens. 5 p. B.

40 — Marcia (16, 19, 24, 28). Ens. 4 p. B. et TB.

41 *Maria* (7). *Matiena* (1). Rare. *Memmia* (1, 2, 9, 10). Ens.
   6 p. B.

42 Minucia (1, 3, 19). Mussidia (6, 7). Ens. 5 p.

43 *Naevia* (6). *Neria* (1). *Nonia* (1). Ens. 3 p.

44 *Opimia* (12). *Papia* (1, 3). Ens. 3 p. B. et TB.

45 *Petillia* (1, 2, 3). 3 p. B.

46 *Petronia* (9). *Pinaria* (1). *Plaetoria* (3, 4). Ens. 4 p. B, TB.
   et FDC.

47 *Plancia*. *Plautia* (11, 13, 14). Ens. 4 p. TB.

48 *Plancia*. *Plautia* (11, 13). *Plutia*. Ens. 4 p. B. et TB.

49 *Poblicia* (4, 6, 9, 10). 4 p. B.

50 *Pompeia* (1, 4, 5). 3 p. B. et TB.

51 *Pomponia* (6, 8). 2 p. Belles, rares.

52 — HERCVLES MVSARVM. Hercules Musagètes (8). Très belle
   pièce, rare.

53 — Clio (11), Thalie (19). 2 p. TB.
54 *Porcia* (1, 4, 6, 7, 10). 5 p. B.
55 *Postumia* (1, 7, 8, 9, 10). 5 p. B. et TB.
56 *Procilia* (1, 2). *Quinctia* (2). *Quinctilia* (1). Rare. Ens.
    4 p. B.
57 *Roscia* (1). *Rubria* (1). Ens. 2 p. B.
58 *Rutilia. Satriena* (1). *Saufeia* (1). Ens. 3 p. B. et TB.
59 *Scribonia* (1, 8). *Sergia* (1). Ens. 3 p. B. et TB.
60 *Sempronia* (2). *Sestia.* Tête de Liberté. R̠. Trépied, etc. (2).
    Rare. *Spurilia* (1). Ens. 3 p. B.
61 *Servilia* (1, 14, 15, 16). 4 p. B.
62 *Sicinia* (1, 5). *Sulpicia* (1, 6). 4 p. B. et TB.
63 *Thoria. Titia* (1). *Titinia* (7). *Tituria* (4). Ens. 4 p. AB
    et B.
64 *Trebania* (1). *Valeria* (7, 8, 17). Ens. 4 p. B.
65 *Vettia.* SABINVS. Tête de Tatius. R̠. Bige (2). B. Rare.
66 *Veturia* (1). *Vibia* (1, 2, 16). Ens. 4 p. B. et TB.
67 *Vinicia.* Tête de la Concorde. R̠. Victoire (1). Belle et rare.

MONNAIES IMPÉRIALES (1)

68 *Pompée.* Tête de Pallas (1). Tête de Pompée (17). Ens. 2 p.
    Très belles.
69 *Jules César.* C. CAESAR. COS. TER. Tête de la Piété. R̠. A HIR-
    TIVS. PR. Bâton d'augure, vase, hache. (Coh. 2.— *Hirtia,*
    Bab. I). Or. TB.
70 C. CAES DIC. TER. Buste ailé de la Victoire. R̠. L. PLANC PR
    VRB. Vase. (Coh. 30. — Munatia, Bab. I.) Or. B.
71 — (12, 25, 38, 49). 4 p. AB, B et TB.
72 *Brutus.* COSTA LEG. Tête de Liberté (4). Rare. *Cassius* (4).
    Domitius Ahenobarbus. Ens. 3 p. B.
73 *Lépide et Octave.* Tête de Lépide. R̠. Tête d'Octave (2). AB·
    Très rare.

---

(1) Les numéros entre parenthèses se rapportent à la « Description histo-
rique des monnaies frappées sous l'Empire romain », par Henri Cohen ;
2ᵉ édition.
    Sauf indication contraire, toutes ces pièces sont des *deniers d'argent.*

74 *Marc-Antoine* (68). *Marc-Antoine et Octave* (1). *Fulvie* (3).
Ens. 3 p. AB.

75 *Auguste*. IMP CAESAR. Sa tête à dr. R'. AVGVSTVS. Capricorne
(16). Médaillon d'arg. TB. et rare.

76 *Auguste*. Capricorne (21). Taureau (28). Ens. 2 p. B.

77 Tête d'Auguste. R. AVGVSTVS. Autel (33). Médaillon d'arg.
Beau et rare.

78 — (43, 63, 64, 69). 4 pièces. Belles.

79 IMP. CAESAR. Galère prétorienne à la voile. R'. DIVI F. Victoire allant à g. (94). Quinaire. TB. et très rare.

80 Victoire deb. sur une proue. R. Octave dans un quadrige
(115). TB.

81 Statue (124). Taureau (137). Diane (146). Ens. 3 p. B.

82 P. CARISIVS LEG. PRO. PR. Trophée sur un monceau d'armes
espagnoles (402). Très belle.

83 P. PETRON TVRPILIAN. III. VIR. Pégase (491). Très belle et très
rare.

84 TVRPILIANVS III VIR. Tarpeia écrasée par des boucliers (494).
TB. Rare.

85 *Tibère et Auguste*. Tête de Tibère. R. Tête d'Auguste (2).
Belle et rare.

86 *Tibère*. Tête laurée à dr. R. PONTIF MAXIM. Livie assise à dr.
(15). Or. TB.

87 *Antonia*. Son buste couronné d'épis. R. CONSTANTIAE AVGVSTI.
Cérès debout (2). AB. Très rare.

88 *Claude* Tête laurée à dr. R. EX SC OB CIVES SERVATOS, dans
une couronne (34). Or. TB. un peu rayé.

89 *Néron*. Tête nue à dr. R. PONTIF MAX TR. P. VI COS IIII PP
autour d'une couronne dans laquelle on lit : EX SC. (213).
Or. B.

90 Tête laurée a dr. R. AVGVSTVS GERMANICVS. Néron deb. de
face tenant une victoire et une branche de laurier (44).
Or. B.

91 *Galba*. Tête nue à dr. R. SPQR OB CS. (286). Or. B.

92 Tête à dr. R. Victoire (325). TB.

93 *Othon* SECVRITAS PR. La sécurité deb. (17). B.

94 *Vespasien*. Tête laurée à dr. R. ANNONA AVG. L'Abondance
assise à g. (27). Or.

95 — PACI AVGVSTI. Nemésis marchant à dr. et tenant un caducée, à ses pieds, un serpent (283). Or. TB.

96 *Vitellius* (21). *Vespasien* (43, :34, 497). Ens. 4 p. B. et TB.

97 *Titus.* Tête à dr. ℞. PAX AVG. La Paix deb. (132). Or. B.

98 — Tête à g. ℞. TRP VIIII IMP XIIII COS VII PP. Capricorne à g. (281). Or. Beau.

99 *Titus* (313, 321). *Domitien* (47, 253, 281) 5 p. B.

100 *Domitien.* Tête à dr. ℞. PRINCEPS IVVENTVTIS. Autel (396). Or. TB.

101 Domitien (284, 393, 397) 3 p. B. et TB.

102 *Vespasien, Titus et Domitien.* Tête de Vespasien. ℞. Têtes affrontées de Titus et Domitien. Rare.

103 **AYTOKPA KAICAP Θ YЄCΠACIAN.** Tête de Titus. ℞. Domitien voilé debout à g. Médaillon d'argent. TB. Très rare.

104 *Domitia.* Son buste à dr. ℞. PIETAS AVGVST. Domitia assise à g. (C. 12, très rare, cotée 150 fr.). B.

105 *Nerva* (9, 16, 48). 3 p. AB. et B.

106 *Trajan.* Buste à dr. ℞. FORVM TRAIAN. Edifice à six colonnes (167 variétés). Or. Beau.

107 P. M. TRP COS. IIII P P. Hercule nu deb. de face (231). Or. B.

108 — (77, 86, 303, 484, 529), 5 p. B.

109 *Adrien.* Buste lauré, drapé à dr. ℞. PM. TRP. COS. III. Génie nu deb. tenant une patère et des épis (1092). Or. TB. Jolie pièce.

110 Tête laurée à dr. ℞. PM TRP COS III. Le Tibre couché (1113). Or. Beau.

111 Tête à dr. ℞. COS III. Jupiter assis à g. (273). Médaillon d'argent. AB. Rare.

112 (84, 99, 315, 903). AB. et TB.

113 *Sabine.* Concorde (12). Junon (43), 2 p. B.

114 *Antonin.* Tête laurée à g. ℞. COS IIII. Antonin deb. à g. tenant un globe (305). Or. Très belle pièce.

115 — Tête laurée à dr. ℞. Sans lég. Rome assise à g. (1148). Or. Belle.

116 — (99, 155, 346, 357, 1117), 5 p. B.

117 *Faustine mère.* Son buste à dr. ℞. AVGVSTA. Diane (ou Cérès) deb. à g. (75). Or. FDC. Superbe pièce.

118 — La même pièce, moins belle. Or.

119 *Faustine mère* (32, 78, 124). *Antonin et Marc-Aurèle* (21).
Ens. 4 p. B. et TB.

120 *Marc-Aurèle*. Buste à dr. ℞. SALVTI AVGVSTOR TRP XVII. La
Santé nourrissant un serpent ; à l'ex. : COS III. (560). Or. TB.

121 *Marc-Aurèle* (105, 526). *Faustine la jeune*. (21, 53, 111
255). Ens. 6 p. B.

122 *Lucius Verus*. Sa tête nue à dr. ℞. TRP IIII IMP II COS II.
Estrade. A l'ex. : REX ARMEN DAT. (158). Or. FDC.

123 *Lucius Verus* CONSECRATIO (58). Providence (144). *Lucille*
(19, 62, 92). Ens. 5 p. AB. et B.

124 *Lucille*. LVCILLAE AVG ANTONINI AVG. F. Son buste à dr. ℞.
VENVS. Venus deb. à g. tenant une pomme et un sceptre.
(69). Or. Très belle pièce.

125 *Commode* (189, 460, 909). *Crispine* (1, 21). Ens. 5 p. B.

126 *Pertinax*. IMP CAES P HELV PERTIN AVG. Tête laurée à dr. ℞.
PROVID DEOR COS II. La Providence deb. à g. (42). Or. TB.
Rare.

127 Tête laurée à dr. ℞. LAETITIA TEMPOR COS II. La Joie deb.
(**20**). B. et très rare.

128 *Dide Julien*. Tête laurée à dr. ℞. CONCORD MILIT. La Concorde deb. (2). Extrêmement rare.

129 *Albin*. (9, 48). 2 p. AB. et rares.

130 — Tête laurée à dr. ℞. FIDES LEGION COS II. Mains jointes (24).
FDC. Rare.

131 *Septime Sévère*. Tête laurée à dr. ℞. IMPE CL SEP SEVERVS P
AVG dans une couronne (215). Médaillon argent. B.
Rare.

132 — (21, 586, 599, 612). 4 p. B. et TB.

133 *Julia Domna*. IVLIA DOMNA AVG. Buste à dr. ℞. VENERI VICTR.
Vénus à demi nue, de dos. (193) Or. TB. Rare.

134 *Julia Domna*. (55, 123) *Caracalla*. (97, 542). Ens. 4 p. TB.

135 *Caracalla*. ANTONINVS PIVS FEL AVG. Buste barbu, lauré à
dr. ℞. VICTORIA GERMANICA. Victoire courant à dr. (645).
Or. TB. Rare.

136 *Plautille* (1, 16, 25) 3 p. B. et TB.

137 *Macrin*. Tête laurée à dr. ℞. AEQVITAS AVG. L'Equité deb. à
g. (2). Beau.

138 — PONTIF MAX TRP COS PP. Jupiter nu deb. à g. (55). TB.

139 *Diaduménien.* Buste nu à dr. ℞. PRINC IVVENTVTIS. Diaduménien deb. (3). Extrêment belle. Rare.

140 *Julia Paula* (6, 16) 2 p. B.

141 *Aquilia Severa.* Buste à dr. ℞. CONCORDIA. La Concorde (6.) AB. Rare.

142 *Alex Sévère.* (79, 161, 543) 3 p. TB. et FDC.

143 *Orbiane,* La Concorde (1). *Julia Mamée* (5). *Sevère Alexandre* (599). Ens. 3 p. B.

144 *Maximin* (7, 31 ,46,85, 99). 5 p. TB. et FDC.

145 *Pauline.* DIVA PAVLINA. Son buste voilé à dr. ℞. CONSECRATIO. Pauline enlevée sur un paon à dr. (2). Très belle pièce à FDC. Rare.

146 *Maxime.* Buste à dr. ℞. PIETAS AVG. Simpule, couteau, etc... (1). Arg. FDC. Rare.

147 *Gordien d'Afrique fils.* Son buste lauré et drapé à dr. ℞. VIRTVS AVGG. La Valeur casquée deb. à dr. (14). Très belle pièce, très rare.

148 *Balbin.* CONCORDIA AVGG. Mains jointes (3). B.

149 PIETAS MVTVA AVGG. Même type. (17). TB.

150 *Pupien.* Tête radiée. ℞. CARITAS MVTVA AVGG. Mains jointes. (3). TB.

151 *Gordien-le-Pieux* (25, 121, 210, 404). *Otacilie* (4). Ens. 5 p. TB.

152 *Philippe Père* (25, 43, 136, 231). 4 p. B. et TB.

153 *Philippe fils* (17, 48). *Trajan Dèce* (2, 16, 86). Ens. 5 p. B. et TB.

154 *Etruscille* (8, 14, 17), 3 p. B. et TB.

155 *Herennius Etruscus* (35, 41). 2 p. B. et TB.

156 *Hostilien.* Buste radié à dr. ℞. Mars à dr. (15). B.

157 *Valérien Père* (94, 150, 187). *Mariniane* (2). Ens. 4 p. Billon AB. et B.

158 *Quiétus* (11). *Macrien* (6). Ens. 2 p. Billon AB. et B. Rares.

159 *Lélien.* Victoire (4). Billon, rare B.

160 *Marius* (14, 21). 2 p. Bill. TB. Rares.

161 *Aurélien et Vabalathe* (1). *Tacite* (137). *Probus* (138, variété). *Numérien* (8). *Magnia Urbica* (11, rare). Ens. 5 p. Billon. B. et TB.

162 *Carin.* Buste à dr. ℞. VENERI VICTRICI. Vénus deb. à g. tenant une Victoire et une pomme. (129). Or TB, mais troué. Rare.

163 *Dioclétien*, son buste à dr. ℞. IOVI CONSERVAT AVGC. Jupiter deb. à g. (221). Or. TB, mais un peu abîmé sur le bord.

164 *Dioclétien* (516 variété) 2 p. B.

165 *Constance II.* Buste à dr. ℞. GLORIA REIPVBLICAE. Rome et Constantinople (122). Or. TB.

166 *Magnence.* Sou d'or (46). TB, mais un peu piqué.

167 *Constantin-le-Grand.* CONSTANTINVS PF AVG. Tête à dr. ℞. CLARITAS REIPVBLICAE. Le soleil deb. à g., à ses pieds, personnage à genoux (35). Or. B, rare.

168 — Sans lég. Buste de Constantin à dr. ℞. CONSTANTINVS AVG. Victoire assise à g. (102). Or. B.

169 *Jovien.* Buste à dr. ℞. SECVRITAS REIPVBLICAE. Rome et Constantinople tenant un bouclier sur lequel on lit VOT V MVL X (8). Or. B.

170 *Théodose.* Sou d'or (38). B.

171 *Julien II.* Sou d'or (78). B.

172 *Honorius.* Sou d'or (44). FDC.

173 *Majorien.* Buste à dr. ℞. Majorien de face tenant une Victoire et une croix (1). Sou d'or. Rare.

174 Buste à dr. ℞. Croix dans une couronne. A l'ex. : CONOB (15). Triens. Or. Rare.

175 *Anthème.* Buste de face. ℞. Anthème et Léon. Sou d'or (6). Beau.

176 — Buste à dr. ℞. Croix dans une couronne, à l'ex. : CONOB (21). Triens. Or. TB.

177 *Julius Népos.* Buste à dr. ℞. Croix dans une couronne (17). Triens. Or. B. Rare.

MONNAIES FRANÇAISES (1)

178 **Louis IX.** *Gros tournois* (9) 2 p. variées. Arg. TB.

179 **Philippe III.** *Denier*, fr. à Toulouse. PHILIPVS REX. Fleur de lis. ℞. TO-LA-CI VI. Croix (10). Bill. rare.

---

(1) Les numéros entre parenthèses se rapportent à l'ouvrage d'Hoffmann *Monnaies Royales de France.*

180 **Philippe IV**. *Agnel d'or*. ✠ AGN DI QVI TOLL ., etc. Agneau pascal, dessous : PH'REX. ℞. XP'C : VINCIT : .., etc. Croix dans un quadrilobe cantonné de quatre fleurs de lis (1). Or. Rare et TB.

181 *Chaise d'or*. ✠ PHILIPPVS : DEI : GRA : FRANCHORVM : REX. Le roi assis de face tenant un sceptre fleurdelisé et une fleur de lis. ℞. XPC : VINCIT : XP'C : REGNAT : XPC IMPERAT. Croix dans un quadrilobe cantonné de quatre couronnes (3). Or. Très belle pièce, rare.

182 *Gros tournois* (8). *Maille tierce* (7). Ens. 2 p. Arg. TB.

183 **Louis X**. *Gros tournois* (3 et variété d'H. 2 3). Ens. 2 p. Arg. B. et TB.

184 **Philippe V** *Agnel d'or*. Type ordinaire de l'agnel, sous l'agneau PH' REX et sous l'R, un marteau (1). Rare et TB.

185 **Charles IV**. *Agnel d'or*. Type ordinaire de l'agnel, sous l'agneau KL' REX (1). Or. Très belle pièce, rare.

186 *Royal d'or*. KOL REX FRACOR. Le roi deb. sous un dais gothique. ℞. Croix dans un quadrilobe cantonné de quatre couronnes (2). TB.

187 *Gros tournois*. Type ordinaire avec ✠ KAROLVS FR. REX (5). Arg. TB. Très rare.

188 *Parisis noir* (12). Billon. TB.

189 *Maille noire* (13). Bill. TB., rare.

190 **Philippe VI**. *Royal d'or*. PH'S : REX.FRA.COR. Le roi deb. sous un dais. ℞. Croix dans un quadrilobe cantonné de quatre couronnes (1). Beau.

191 *Pavillon d'or*. PHILIPPVS : DEI GRA : FRANCHORVM : REX. Le roi assis sous un pavillon fleurdelisé. ℞. XPC... etc. Croix arquée, évidée et feuillue dans une rosace cantonnée de quatre couronnes (8). Superbe pièce.

192 *Double royal d'or*. PH DEI GRA FRANC REX. Le roi tenant deux sceptres assis sous un dais. ℞. XPC... etc. Croix feuillue, cantonnée de quatre couronnes, dans une rosace. (11). Très belle pièce rare. FDC.

193 *Ange d'or*. PHILIPPVS : D. GRA : FRAC : REX. Sous un dais gothique, ange couronné deb. sur un dragon et tenant une croix à long pied et un écu fleurdelisé, le tout dans une rosace. ℞. XPC... etc. Croix feuillue dans un quadrilobe cantonné de quatre couronnes (12) Très belle pièce.

194 *Gros tournois* (20). *Gros à la queue* (22). *Gros à la couronne* (25). *Double parisis* (38). *Double tournois* (58). Ens.
5 p. Arg. et bill. B et TB.

195 **Jean le Bon.** *Franc à cheval.* (lis) ɪOHANNES : DEI : GRACIA :
FRANCORV : REX. Le roi, vêtu d'une cuirasse fleurdelisée et
l'épée haute, à cheval à g. ℞. XPC etc. Croix feuillue dans
une rosace cantonnée de quatre trèfles. (10). Superbe
pièce, très rare dans cet état.

196 *Gros*, divers (19, 25. 32, 33) Ens. 4 p. Bill. B.

197 *Gros* à la couronne (28) — à la fl. de lis (31) — tournois
(33). Ens. 3 p. Bill. B.

198 *Gros blanc à l'étoile.* + ɪOHANNES DEI GRA. Croix cantonnée
de deux étoiles. ℞. (étoile) MONETA : DVPLEX : ALBA. Dans
le champ ɪOH'S FRACO REX (44) Bill. Très beau, rare.

199 *Gros blanc aux fleurs de lis.* (46) Bill. B.

200 *Gros patte d'oie* (49). *Double parisis* (55). *Parisis* (58).
Double tournois (64) *Petit tournois* (71) Ens. 6 p. Bill. B.

201 **Charles V** (Dauphiné) *Franc à cheval.* KROLVS : DEI GRACIA :
FRACOR : REX (lis). Le roi vêtu d'une cuirasse fleurdelisée,
à cheval, l'épée haute, à g. ℞. (Dauphin) XPC... etc. Croix
feuillue dans un quadrilobe (4). Rare et TB.

202 (Charles Dauphin). *Florin d'or.* St-Jean deb. de face. ℞.
+ KAROL — DAPHS V. Fleur de lis. TB.

203 **Henri V d'Angleterre.** *Florette* (7). **Henri VI.** *Blanc aux écus*
(6) *Demi gros de Calais.* Ens. 3 p. Bill. TB.

204 **Charles VII.** *Ecu d'or à la couronne.* + KAROLVS... etc. Ecu
de France couronné accosté de deux couronnelles.
℞. XPC... etc. Croix arquée, evidée et fleurdelisée dans une
rosace (3) TB.

205 *Demi écu d'or à la couronne.* (nef et étoile) KAROLVS DEI GRA
FRACORV REX. Ecu de France couronné. ℞. (nef et étoile)
XPC... etc. Croix feuillue. Fr. à Bordeaux (Variété inédite
d'H. 7 et 8). Beau.

206 *Royal d'or.* Le roi deb. vêtu d'un manteau fleurdelisé.
℞. Croix dans une rosace (9). TB.

207 **Louis XI (Dauphin).** *Ecu d'or.* + LVDOVICVS DALPHINVS VIE-
NENSIS. Dans le champ, écu écartelé de France-Dauphiné.
℞. + XPC... etc. Croix feuillue cantonnée de lis et de
Dauphins. Beau et rare.

208 *Gros blanc du Dauphiné* (Poey d'A. 4985) *Petit blanc* (P. d'A. 4987) Ens. 2 p. Bill. B.

209 **Charles VIII.** *Ecu d'or du Dauphiné.* (soleil) : KAROLVS (rose) FRANCORVM (rose) REX. Dans le champ, écu écartelé de France-Dauphiné. R̴. (rose) SIT (rose) NOMEN (rose) DN (rose) BNEDITVM. Croix fleurdelisée. (8). Superbe pièce, rare.

210 **Louis XII.** *Ecu d'or de Bretagne.* Ecu de France couronné accosté de deux porcs-épics. R̴. Croix cantonnée de deux hermines couronnées et de deux A (initiales d'*Anne de Bretagne*) couronnés (15). Très rare.

211 *Ecu d'or de Gênes.* + LVD : DEI : GRACIA : FRANCOR : REX : Z : IANVE : D. Ecu de France couronné. R̴. XPS... etc. Croix fleurdelisée (104). TB. rare.

212 *Douzain* au porc-épic (33, 37) — à l'L (39). Ens. 3 p. Bill. AB et B.

213 **François I.** *Demi ecu d'or.* + FRANCISCVS : DEI : GRA : FRA-COR. REX. Ecu de France couronné. R̴. + XPS :.. etc. Croix fleurdelisée cantonnée de deux F et deux lis. (5) TB. rare.

214 *Ecu d'or du Dauphiné.* + FRANCISCVS. DEI. GRA. FRACOR. REX. R. Dans le champ, écu écartelé de France.— Dauphiné. R̴. (R. couronnée) XPS... etc. Croix cantonnée de deux dauphins. Fr. à Romans par Louis Proust (23). FDC.

215 *Ecu d'or aux salamandres.* FRANCISCVS... etc. Ecu de France couronné, accosté de deux salamandres, dessous H (la Rochelle). R̴. + XPS... etc. Croix fleurdelisée cantonnée de deux F et deux salamandres (27). TB et rare.

216 *Teston.* FRANCISCVS... etc. Buste imberbe. R̴. Ecu de France accosté de deux F couronnés. Fr. à Dijon (42). Arg. TB.

217 — Autre. Même lég. Buste coiffé du chaperon fleurdelisé. R̴. Ecu de France dans une rosace. (59) Arg. Très beau, rare dans cet état.

218 *Teston,* St-Lo (59). *Demi Teston* (62). *Teston,* Tours (63). Ens. 3 p. Arg.

219 *Teston.* Lyon. Buste cuirassé, barbu, coiffé de la couronne radiée, à dr. R̴. Ecu de France. (81). Arg. Très belle pièce, rare.

220 — Même type. Demi teston fr. à Tours (85) Arg. TB et très rare.

221 **Henri II**. *Double Henri d'or*. HERCVS (tête de loup). II. D.G.F.
RANCOR — REX. Buste à droite. ℞. (soleil) DVM. TOTVM.
COMPLEAT. ORBEM. 1558. Croix formée de quatre H couronnés et cantonnée de deux lis et deux croissants, au
centre H. (Variété inédite. Comparer H. 23). B. Rare.

222 *Henri d'or*. HENRICVS... etc. Même type. ℞. Même lég. et
même type, au centre de la croix : N. (24). B. rare.

223 *Teston*. fr. au moulin de Paris (52, 57) 2 p. Arg. B.

224 — Teston fr. au moulin de Paris, 1554 (57) Arg. TB.

225 — Teston, fr. à Toulouse. 1559 (65). Arg. Très beau.

226 **François II**. Teston au buste et au nom d'Henri II, fr. en
1560 à Lyon. (Variété d'H. 59) Arg. TB.

227 **Charles IX**. *Ecu d'or*. fr. à Poitiers, 1566 (1). TB.

228 **Henri II**. *Demi franc*. Buste à dr. ℞. 4 fleurons en croix.
(23) Poitiers, 1587. Arg. Très beau.

229 **Louis XIII**. *Ecu d'or*. fr. à Lyon, 1637 (6). Très beau.

230 *Louis d'or*. Tête laurée à dr. dessous 1640. ℞. Huit L couronnées en croix. (22). Superbe pièce, FDC.

231 **Louis XIV**. *Double louis d'or*. LVD. XIIII. D. G. FR. ET. NAV.
REX. Buste lauré à dr., dessous, 1701. ℞. CHRS. etc. Croix
formée de 8 L brochant sur le sceptre et la main de justice.
(35). Superbe pièce, FDC.

232 *Louis aux 8 L*, fr. à Besançon, 1712. Buste lauré à droite.
℞ 8 L couronnées formant une croix cantonnée de quatre lis
(42). Or. FDC.

233 *Demi louis*. Même type, fr. à Dijon 1711. (43). Or. FDC.
Rare.

234 **Louis XV**. *Double louis d'or*. Buste lauré à g. ℞. Ecus ovales
de France et de Navarre sous une couronne. (21) Limoges,
1772. TB.

235 **Louis XVI**. *Louis d'or*. Buste habillé à g. ℞. Ecus ovales sous
une couronne (3). Paris, 1775. TB.

236 *Louis d'or*. Buste nu à g. ℞ Ecus carrés sous une couronne.
La Rochelle, 1786 (9). FDC.

237 **Période Constitutionnelle**. *Louis d'or*. 1793. Buste nu de
Louis XVI à g. ℞. RÈGNE DE LA LOI. Génie gravant sur une
table le mot CONSTITUTION. A l'exergue : L'AN 5 DE LA
LIBERTÉ. (59). Très beau. Rare dans cet état.

238 **Révolution**. Louis de 24 livres, au type du génie, Paris, 1793.
Or. B.

239 *L'Italie délivrée à Marengo.* 20 francs, an 9. Or. TB.

240 *Royaume de Hollande.* CONCORDIA RES PAR : CRES : TRA. Chevalier armé, debout, tenant un faisceau de flèches et une épée, accosté de la date 1807. ℞. MO. ORD : etc. Double ducat, or. (Nahuys VII. 44). FDC et rare.

241 Ducat au buste de Louis Napoléon, 1809. Or. Beau.

242 *Royaume de Westphalie.* Pièce de X thaler. 1812, au buste de Jérôme Napoléon. Or. FDC.

243 **Louis XVIII.** *20 francs,* Lille. 1815. Or. TB.

244 **Louis-Philippe.** *20 francs,* 1848, Paris. Or. FDC.

MÉDAILLES

245 *Naissance du Dauphin,* 1781. Bustes accolés de Louis XVI et Marie-Antoinette. ℞. La France assise tenant un enfant. Arg. 41 ‰. TB.

246 *Peste à Marseille.* SECURITAS PUBLICA. La Ville assise ; au second plan, vue du port. ℞. Dans une couronne : SEXDECIM VIRIS SALUTI PUBLICÆ TUENDÆ QUOD INDEFESSO IN ARCENDA PESTE STUDIO ORIENTALE COMMERCIUM FOVERUNT; à l'exerg. : PRÆMIUM AB OPTIMO PRINC INSTIT MDCCLXXXIV. Br. 68 ‰. TB. Rare.

247 *Consulat et Empire.* Buste de Bonaparte. ℞. A LA FORTUNE CONSERVATRICE. La Fortune dans une barque (Millin XVI. 72). Arg. 33 ‰. TB.

248 Couronnement. Tête laurée. ℞. LE SÉNAT ET LE PEUPLE. Napoléon sur le pavois (M. XXXII. 83). Arg. 41 ‰. TB.

249 Tête de Napoléon par Dumarest. ℞. LYCÉE IMPÉRIAL SECONDE DIVISION DE DESSIN PREMIER PRIX LE COMTE MDCCCXI, dans une couronne. Arg. 49 ‰. TB, rare.

250 *Louis XVIII.* Tête à dr. ℞. Esculape protégeant Vénus, à l'ex. : LA VACCINE. MDCCCIV. Sur la tranche : Mr LESEIGNEUR MÉDECIN A St VALÉRY EN CAUX, 1823. Arg. 41 ‰. TB.

251 *Charles X.* Achèvement du pont Marie-Thérèse à Moissac, 1824. Arg. 51 ‰. TB.

252 *Louis-Philippe.* Méd. du député des Pyrénées-Orientales, Garcias. 1835. Arg. 41 ‰. TB.

253 Sauvetage. Méd. donnée par le ministère de l'intérieur à Coin, 1840. Arg. 37 ‰. TB.

254 — Même type. Arg. 27^m_m TB.

255 — Tête de Louis-Philippe à g. ℞. MINISTÈRE DE L'INTÉRIEUR — A TASSEAU (PIERRE-EUGÈNE) POUR SON COURAGE ET SON DÉVOUEMENT LORS D'UNE INONDATION A NOGENT (EURE ET LOIR). 1845. Arg. 52^m_m. TB, rare.

256 2e *République*. La République assise à g. ℞. La vaccine, type du n° 250. Sur la tranche MR PRADEL OFFICIER DE SANTÉ A FOURMIGUERES (PYRÉNÉES-ORIENTALES) 1846. Arg. 41^m_m. TB.

257 *Napoléon III*. Première pierre du palais de justice de Montmorillon. Arg. 37^m_m. TB.

258 ALENDIS PARVULIS. Femme et enfants. ℞. SOCIÉTÉ PROTECTRICE DE L'ENFANCE — FONDÉE EN 1865. Arg. 50^m_m. TB.

259 Médaille de député, session de 1866, au nom de M. Vilcocq (Aisne). Arg. 51^m_m. TB.

260 SECOURS AUX BLESSÉS MILITAIRES. Croix rouge. ℞ EXPOSITION ET CONFÉRENCES INTERNATIONALES. Dans le champ PARIS 1867 et en creux A M. le B^{ON} DE PAGES. Arg. 35^m_m. TB.

261 Canal de Suez, Inauguration, 1869. Plan et vue du canal, au-dessus, médaillon au buste de Ferdinand de Lesseps. Br. 72^m_m. Rare. TB.

262 *Guerre de 1870-71*. Insigne en forme d'étoile de la 4e brigade, armée des Vosges. ℞ CHATILLON POUILLY... etc. Br. arg^{té}. 47^m_m. TB.

263 *3e République*. Société de secours mutuels du XVI arrond^t à M. Van Hasselt, 1875. Arg. 42^m_m. TB.

264 Médaille de député au nom de M. Escarguel, Pyrénées-Or. 1881. Arg. 51^m_m. TB.

265 Médaille de 1re classe, au buste de Jenner, décernée au Dr Staes à Camphin (Nord) 1884. Arg. 41^m_m. TB.

266 — Même médaille, 1888.

267 En creux : DÉPARTEMENT DE L'AISNE MR JENOT MÉDECIN A DERCY 1886. ℞ La vaccine, type du n° 250. Arg. 41^m_m. TB.

268 Médaille au buste d'Hippocrate décernée au même par l'Académie de médecine 1887. Arg. 50^m_m. TB.

269 — ALENDIS PARVULIS (en creux). Buste d'Esculape à g. ℞. (en creux) SOCIÉTÉ PROTECTRICE DE L'ENFANCE FONDÉE EN 1865. Dans le champ (en creux) : A M^R LE DR JENOT... etc. 1888. Or. 41^m_m. TB. Très rare.

270 — Tête de République de Ponscarme. ℟.MINISTÈRE DE L'INTÉ-
RIEUR. HYGIÈNE. Coupe, serpent, palme, dessous : VACCINE
1900 Dr JENOT. Or. 37 %. TB, très rare.

271 Congrès des valeurs mobilières, Paris 1900. Jolie petite plaquette de Roty. Arg. 19×27. TB.

272 ARTIBUS ET LIBERTATE FLORET PATRIA. Tête de République à
g.; derrière NOVEMBRE 1873. ℟. COQUIT CIBARIA NUTRIT
AMICITIAS. Marmite; au-dessus : ARMAND DUMARESQ. Br.
argenté 50 %. Belle médaille de Roty, très rare.

273 Caisse d'épargne d'Angers. Jolie médaille de Patey. Arg.
41 %. TB.

274 Union des Sociétés de tir de France. Plaquette de G. Dupré
38×50. Arg. TB.

JETONS

275 *Ordinaire des guerres, 1749.* PACATO ORBE QUIESCIT. Hercule. Arg. TB.

276 — Buste lauré du roi à dr. ℟. SIC FULTA PERENNIS. Mars et
la Paix, 1752. Arg. TB. Rare.

277 *Extraordinaire des guerres,* 1742. PARAT OTIA TERRIS. Soleil
au-dessus des nuages. Arg. TB.

278 *Artillerie,* 1731. Buste du duc du Maine. ℟. ET MUTA MINAN-
TUR. Bergers découvrant des canons. Arg. TB.

279 — 1750. Buste du Cte d'Eu, duc d'Aumale. ℟. LUDENS VER-
BERATAURAS. Bélier. Arg. TB.

280 *Maison de Mme la dauphine.* 1754. Buste de Marie Josèphe
de Saxe. Arg. TB.

281 *Paris.* 2e Prévôté de M. de Fourcy, 1687. Arg. TB.

282 *Corporations.* Buste de Louis XV. ℟. LA COMM^te DES M^ds TA-
PISSIERS DE PARIS. St-Louis deb.; à l'ex. 1726. Arg. TB.
Rare.

283 Communauté des maistres menuisiers et ébénistes, 1748.
Arg. TB.

284 *Caisse d'escompte,* établie en 1776. Oct. Arg. TB.

285 *Comptoir commercial.* Pacte des négociants. Bonaparte Ier
consul, an X. Oct. Arg. TB.

286 *Comité central de vaccine.* Buste de Louis XVIII à dr. ℟.
Inscription. Arg. TB.

287 *Société médicale* du Ier arr[t] de Paris, fondée en 1845.
  Coupe et serpent. Oct. Arg. TB.

288 *Transports par eau réunis.* Ballots, ancre etc. ℞. SECURITE
  ET CELERITE, dans une couronne. Oct. Arg. TB.

289 — Variété avec lég. intérieure : NAVIGATION INTERIEURE et
  date : 17 MAI 1843. Oct. Arg. TB.

290 ENTREPRISE GÉNÉRALE DES COCHES. Bateau. ℞. COMMERCE
  INDUSTRIE. Ancre caducée. Oct. Arg. TB.

291 — Variété de grand module. Sous le bateau : SOCIETE ANO-
  NYME DÉCRET DU 19 8[RE] 1849. Oct. Arg. TB.

292 *Pont d'Avignon sur la Durance.* Mains jointes. Oct.
  Arg. TB.

293 *Orléans.* Cie générale des paquebots de la Loire, 1843.
  Octog. Arg. TB.

294 *Assurances.* Le Midi (incendie). Ecu de Marseille. ℞. Couronne. Jeton d'A. Dubois. Oct. Arg. TB.

295 ASSURANCES MUTUELLES CONTRE L'INCENDIE. Dans le champ :
  LE BOIS. ℞. UNION PROFESSIONNELLE 1883. Oct. Arg. TB.

296 L'Orléanaise : Assurances mutuelles contre l'incendie.
  Arg. TB.

297 *Notaires de Compiègne.* Jeton au buste de H. F. d'Agues-
  seau. Oct. Arg. TB.

DOUBLES D'UNE COLLECTION

298 **Monnaies.** *Louis XV.* Ecu vertugadin. Toulouse, 1716.
  Demi-écu au bandeau, Dijon, 1761. Ens. 2 p. TB.

299 Monnaies françaises et étrangères en argent. Lot à diviser
  78 p.

300 Monnaies papales, 1/2 écus et divis. 14 p. Arg.

301 Monnaies françaises et étrangères. Cuivre 30 pièces.

302 **Jetons.** *Louis XIII.* Trésorier général des guerres, 1635. —
  Extraordinaire des guerres, 1628. Ens. 2 p. Arg. TB.

303 *Louis XIV-XV.* Extraordinaire des guerres — Parties
  casuelles — Trésor Royal — Menus plaisirs du roi. Ens.
  7 p. Arg.

304 Monnaie — Juge et consuls — Secrétaires du roi — Bâtiments du roi, etc... Ens. 8 p. Arg B et TB.

305 *Louis XVI*. Maréchaussée — Eclairage — Académie —
   Artillerie — Ordre de St-Louis — Château de Bellevue.
   Ens. 6 p. Arg. TB.

306 *Paris*. Prév. de Boucher d'Orsai — Jetons refrappés et
   jetons modernes. Ens. 10 p. Arg. TB.

307 Mines de Malfidano — Agents de change; jeton de Roty.
   Ens. 2 p. Arg. TB.

308 *Médecine*. Le Thieullier, Boyer, de Villars, doyens. 5 jetons
   de frappe moderne. Arg. et étain.

309 — Le Moyne. Bourdelin. Baron. Bercher et revers du jeton
   de Boyer. Ens. 5 jetons, frappe moderne, étain.

310 Académie de chirurgie 1751. Pharmaciens 1775. Assistance
   publique. Conseil de salubrité du Nord. Conseil d'hygiène
   de l'Aisne. Ens 5 p. Arg. TB.

311 Huit jetons anciens et modernes concernant la médecine.
   Cuivre.

312 *Province*. Jeton des notaires d'Amiens, 1818. Arg. TB.

313 Soc. mélophile d'Avallon. Bordeaux : municipalité (L. XV);
   chambre de commerce (Louis XVI). Ens. 3 p. Arg. B et
   TB.

314 Chambre de commerce de Bordeaux, Napoléon I,
   Louis XVIII, Charles X, Louis-Philippe, Napoléon III.
   Ens. 6 p. Arg. TB.

315 Etats de Bretagne. Jeton à l'hermine. Jetons de 1756, 1762,
   1768, 1770, 1784. Ens. 6 p. Arg. B et TB.

316 Etats de Bourgogne, 1776. — Cambrai ; ch. de commerce ;
   soc. d'émulation ; municipalité. — Douai ; ch. de commerce. — Dieppe, drapiers merciers, 1728. — Etats de
   Flandre (Louis XV). Ens. 8 p. Arg. TB.

317 Languedoc; Etats de 1777 ; jeux floraux 1819. — Le Havre ;
   assurances solidaires 1783 , assurances 1786. Ens. 4 p.
   Arg. TB.

318 Loire ; soc. d'agriculture. Nevers. — Rouen ; La Rochefoucauld. — Tours ; soc. archéologique. Ens. 4 p. Arg. TB.

319 *Jetons étrangers.* Ypres ; Joseph II. — Bruges, Marie-Thérèse. — Guillaume V d'Orange et Wilhemine de Prusse
(médaille) 1770. Ens. 3 p. Arg. TB.

320 Lot à diviser de jetons anciens et modernes. Cuivre 162 p.

MÉDAILLES

321 *François I*er. Buste de trois-quarts. Médaillon uniface, 131 m/m ;
fonte de Liard. — François Ier, 1519 (*refrappe*). — François de Guise (*refrappe*). — *Richelieu* (2 pièces). Ens. 5 p.
Br.

322 *Louis XIV.* Méd. 41 m/m, 5 pièces. — Tabago, 28 m/m. Ens. 6 p.
Br.

323 Médaillons de personnages du règne de Louis XIV ; Fene-
lon, Condé, etc. Ens. 4 p. Br.

324 *Louis XV.* Naissance du duc de Berry, 73 m/m. Fontenoy,
41 m/m. Méd. commémorative. *Louis XVI* et *Marie-Antoinette*, 4 méd. variées. Centenaire de la mort de Louis XVI
(1893). Et cliché en plomb. Ens. 9 p. Arg. et Br. (*fr. postérieure*).

325 Exécution de Louis XVI. Bustes accolés du roi et de la reine
℞. L'exécution. Br. 51 m/m.

326 *Révolution.* Prise de la Bastille, Marat, clichés divers.
Napoleon I. Passage du Saint-Bernard, clichés, etc. Ens.
15 p. Br. et Plomb.

327 Prométhée enchainé, 76 m/m. Paix d'Amiens, etc. Ens. 7 p.
Br. (Pour la plupart de fr. postérieure).

328 Première décade du xixe siècle. Faipoult. République romaine. Jeton de jeu. Ens. 5 p. Br.

329 Lot de médailles napoléoniennes, Murat, Marie-Louise, etc.
Ens. 10 p. Br. et fonte de Berlin.

330 Lot de petites médailles napoléoniennes. 23 p. Arg. et Br.

331 Autre lot. 11 p. Br. et plomb.

332 *Louis XVIII. Charles X. Louis-Philippe.* Lot important de
médailles diverses. Br. et plomb. 20 p.

333 *Napoléon III.* Berceau du prince impérial offert par la ville
de Paris, 77 m/m. Statue de Napoléon I, etc. Ens. 9 p. Br.

334 Emprunt de 250 millions. Statue de Napoléon I à Cher-
bourg, etc. Ens. 14 p. Br.

335 Médailles de la série des rois de France de Caqué et Puy-
maurin. 8 p. Br. 52 ™.

336 Lot de médailles, principalement de 1848 et 1870-71. Br. et
étain.

337 Eglises de Wiener. Paris : Notre-Dame, Panthéon. Reims,
Strasbourg, Chartres ; cathédrales. Rouen ; Saint-Ouen.
Caen : Saint-Etienne. Périgueux : Saint-Front. Ens. 8 p.
Br. 60 ™.

338 Lot de médailles diverses. Br. Plomb, *verre*.

339 **Personnages.** Auber (galvano). Berryer. Claude Bernard
(médec.). Paul Bert (médec.) Beethoven. Ens. 5 p. Br.

340 Constant Chaplain ; médaillon uniface. A de Caumont.
Canning. Ens. 3 p. Br.

341 Corot (galvano fourré, 100 ™.). Courvoisier, Cartellier. Ens.
3 p. Br.

342 Dumeril (médecin) méd. fondu de David. Dupin. Dupont.
Delanneau. Van Dyck. Mgr. Dupanloup. Ens. 6 p. Br.

343 Delaunay, peintre ; médaillon de Chapu. 1864, 103 ™. Guillaume Etienne. général Foy, et galvano. Ens. 5 p. Br. et
fonte.

344 Gambetta, 2 médaill. variés. Garibaldi. E. de Girardin. Ga-
lilée. Gutemberg et Faustus. Goethe (galv.). Ens. 6 p. Br.
et Etain.

345 Victor Hugo, médaillon uniface de David, 108 ™. — L. Hen-
nique, 1896. Plaquette. Ens. 2 p. Br.

346 Henri Heine ; plaquette par H. Kautsch (galvano). Laffitte.
Général Lafayette, de Lesseps. Ens. 4 p. Br. et étain.

347 Dr R. Lacronique. Son buste de profil à g. par G. Prud-
homme, 1904. Plaquette, galvano. Cuivre.

348 Pierre Magne (galvano). Montalembert. Montyon : bureau
de bienfaisance du xixe arr. Michallon, peintre. Mazois.
Mathieu, membre de l'Institut. Ens. 6 p. Br. et étain.

349 Gaston Menier (2 p.). Méline par Ponscarme (galv.). Dela-
roche, peintre (galv.). Ens. 4 p. Br.

350 Le Cte de Paris, médaillon uniface, 90 ™. Abbé Philippe,
par Borrel. Parmentier (méd.). D'Olivet. Petitot, statuaire.
Poisson (prix Poisson, hopital civil d'Alger, galv.). La
Quintinie. Ens. 7 p. Br.

351 Colonel Ricussec. Rousseau, antiq. La Rochefoucauld.
Rembrandt, méd. hollandaise. Roscoe, méd. anglaise.
Ens. 5 p. Br.

352 E. et A. Solvay, chimistes. Ary Scheffer, peintre; méd. hollandaise. Regnault, peintre. Eug. Scribe. Thiers Ens. 5 p. Br.

353 Vée. Société de secours mutuels. Méd. de Borrel. Br. 57$\frac{m}{m}$.

354 Lot de médailles de personnages divers. Br. et étain. 48 p.

355 **Médailles étrangères**. Lionel d'Este. Virg. Malvitius. Pic
de la Mirandole, etc. Méd. de la Renaissance italienne
(fonte postérieure), 4 p. Br.

356 FRANCISCVS. A. BONA. DESDIGVERIVS. ANÆ 58. **Buste à g.**
ℝ. IN ÆTERNVM MDC. Mains jointes. Br. 55$\frac{m}{m}$.

357 François Zanottus. Congrès scientifique à Turin, 1840.
Pie IX, etc. Ens. 4 p. Br.

358 Médailles russes diverses. 12 p. Br.

359 Grandes médailles russes. 4 pièces. Bronze.

360 Médailles allemandes: Frédéric Guillaume II et III. Renée
Louise de Prusse; fonte de Berlin. Adolphe de Luxembourg par Rivet. Léopold de Bavière. Christine de Suède.
Ens. 8 p. Br. et fonte.

361 Académie des Sciences de Madrid. Barcelone. Hommage de
la New-York (par Rivet). — Médailles anglaises: Victoria
et Albert. Edouard prince de Galles. Revers de la médaille
du médecin Brodie. Ens. 6 p. Br.

362 Méd. hollandaises, mereau du jardin botanique d'Amsterdam, méd. belges, suisses, etc. Ens. 13 p. Arg. et Br.

363 Lot de médailles papales. 73 pièces. Br. et étain.

364 **Médailles modernes.** Ligue des Patriotes, prix de tir, par
H. Dubois. Prix d'horticulture par Borrel. Concours agricole, République de Ponscarme. Ens. 3 p. Arg.

365 Méd. du travail, par Borrel. Commission des bâtiments scolaires par A. Dubois. Saint Michel par Chaplain. ℝ. 1879.
J. ANSPACH BOURGMESTRE... etc. Ens. 3 p. Arg.

366 VICTOR HVGO. Buste du poète, de trois quarts à g. ℝ. LES
ORIENTALES. LA LEGENDE DES SIECLES. HERNANI. RVY BLAS,
etc; Et en lég. intérieure: AETERNVM. VIVVS VOLITABIT. IN.
ORE. VIRORVM. Femme nue assise à dr. tenant des couronnes et une palme. Médaille de l'édition nationale par
Roty, en bronze fondu et argenté (une partie de la légende
a été reprise au burin). 68$\frac{m}{m}$. Très rare.

367 Inauguration du musée social, 1895. Ouvriers entrant au musée, au second plan, un paysan. ℞. Femme assise devant une table de travail; par la fenêtre on aperçoit des usines. Belle médaille de Roty. Arg. 60 ⅏.

368 Exposition de 1900. Génie saisissant le flambeau qu'abandonne une femme affaissée. Plaquette 35×50 par Roty. Canal de Panama, jeton de la Banque Parisienne, par Roty. 34⅏. Ens. 2 p. Br. argenté.

369 Ch. Christofle assis devant une femme personnifiant la Science et qui élève dans la main gauche une pièce d'orfèvrerie. .℞ Inscription. Jolie plaquette argent par Roty. 30×41 ⅏.

370 Jeton des Agents de change de Paris, par Roty. Arg. 37⅏.

371 Prix de tir, méd. de Roty, Br. argenté, 51 ⅏. — Femme nue et ailée jouant de la harpe (la Musique), plaquette de Delpech. Br. 39×60 ⅏.

372 Pasteur, par Roty, jolie petite médaille, 21 ⅏. Tête de République; ℞. Chouette, par Roty, 27⅏. Cronstadt-Toulon, par Bottée, 30⅏. Tête de femme, par H. Dubois, 41 ⅏. La Russie, de Rivet, Mignon et Patria, du même (clichés). 50 cent. de 1897. Ens. 8 p. Arg.

373 GLORIA. Femme coiffée d'un casque orné d'un coq. Plaquette de Rasumny. Br. argenté. 46×60⅏.

374 Les quatre saisons. Médaillettes en bronze doré, par Vernier. 25⅏. 4 p.

375 Personnages de Faust : Méphisto, Marguerite, etc. 5 p. galvano, br. argenté. 54 ⅏.

376 Lot de petites médailles diverses. 7 p. Arg.

377 Victor Plessier. Son buste de trois quarts à g. ℞. SOUVENIR ET RECONNAISSANCE DE LA SOCIÉTÉ DE SECOURS MUTUELS DE LA FERTÉ-GAUCHER A SON PRÉSIDENT M⁽ PLESSIER ANCIEN DÉPUTÉ MDCCLXXXVI. Méd. de Max Bourgeois. Br. 100⅏.

378 Election de Casimir Perier à la Présidence de la République, 1894. Méd. de Max Bourgeois. Br. 72⅏.

379 SIT PROPITIA BARBARA NOBIS. Sainte Geneviève auréolée, tenant un glaive et une palme, assise au pied d'un arbre. Grand médaillon par Daniel Dupuis. Br. 240⅏.

380 Médaille au buste de Déroulède, montée en broche. Arg. 27⅏.

381 Douai. Société d'Agriculture, Sciences et Arts. Femme demi-
nue personnifiant l'Agriculture. Plaquette d'Alex. Char-
pentier. Br. 52×62 $^m/_m$.

382 Edmond de Goncourt. Plaquette à son buste par Alex. Char-
pentier. Br. 45×65 $^m/_m$.

383 Médailles d'Oudiné: Inaug. de la Sorbonne. Au Progrès,
Bienfaisance. Sacré-Cœur de Chapu (50 $^m/_m$). Ens. 4 p. Br.

384 Les Arts, Tête de République, Prix de tir par Daniel Dupuis.
— Au mérite, par Chaplain. Ens. 5 p. Br.

385 Chevaux par Degeorge. Mission du cap Horn, VIᵉ Centenaire de l'alliance des Confédérés suisses, 1891. République par A. Dubois. Ens. 4 p. Br.

386 Prix de tir, Paris 1888, Lyon 1894; Exposition d'Angers par
H. Dubois. Centenaire de la lithographie (cliché) par Ch.
Pillet. Ens. 4 p. Br. et br. argenté.

387 Femme demi-nue assise à dr. Plaquette d'H. Dubois. Br.
43×50 $^m/_m$.

388 Instruction populaire par Lagrange. Médailles de Vernon.
Société de Pithiviers par Boutellier. Ens. 5 p. Br. et br.
argenté.

389 Méd. de mariage, Lyon républicain, Monnaie 1789, par
Bottée. Victor Hugo par Rasumny. Ens. 4 p. Br.

390 Méd. diverses de Rivet, Pillet, etc. Ens. 12 p. Br. et br.
argenté.

391 Lot de médailles artistiques diverses. Br. 50 p.

IMPRIMERIE C. CHAUFOUR

8-10 RUE MILTON, 8-10

PARIS

9 782329 587318